JN410794

# 녹양방초

김익두

문예원

## | 글쓴이의 말 |

환갑 진갑이 넘어 내 삶과 시들을 되돌아보니, 이제 내 시가 걸어온 길이 조금은 보이기 시작한다. 내 시는 우리나라 노래의 근원인 '메나리' 곧 뫼노래 · 사뇌가 · 산타령 등으로 불려져 왔고, 가왕 송홍록이 우리나라 근원소리라고 했던, 백두대간 소리 '메나리'에 근원을 두고, 나는 또한 이 소리길을 따라 살아온 조선사람의 후예로 자리하게 됨을 어쩔 수 없겠다.

이번엔, 16년 만에 세 번째 시집을 낸 지 2년 만에, 다시 한권의 시집을 묶어본다. 이번 시집은 세 번째 시집을 낸 이후 각박해진 내 현실 속에서 쓴 것과, 아주 오래 전에, 내가 시단에 나와 낸 첫 번째 시집에서 가려 뽑은 시들로 꾸며본다. 꽤 멀리 지나와서, 내 시가 걸어온 길을 다시 멀리까지 되돌아보기 위한, 내 반성의 숨고르기인 셈이다.

시집 제목은 '녹양방초綠楊芳草'라 하였다. 이 시집 원고를 탈고하는 날 아침, 갑자기 떠오른 제목이다. 우리나라 옛 민요 가사에 꽤 자주 보이는, 생명어린 좋은 뜻의 옛 어른들 말씀이다.

이 작고 하찮은 시집을 계기로, 이젠 그동안 오랜 동안 만나지 못하였던 벗들과 조촐한 술 한 잔 하고 싶다. 벗들의 오랜 시들도 다시 한 번 되돌아보고 싶다. 많이 슬픈 나날 중에, 그래도 잠시나마 기쁘다.

단기 4350년 9월 1일

| 차례 |



## 제1부 근작시 36편

## 제2부 '햇볕 쬐러 나오다가'

## 제1부

# 근작시 36편

## 재회

그 오오랜 그리움
이젠 다
끝났으니,

이젠,

당신을
더,

더 간절히 그리며,
살께요.

안녕.

## 양재기

밤새 술 마시다
혼자 돌아가는
아침
길가,

휴지통 가에 버려진
쭈그러진
양재기
하나,

하염없이 쭈그러진 틈틈이 닳아진 모서리,
무심히 떠오른 아침 햇빛에
하얀 은빛
보인다.

일생 동안 삶에 쭈그러지고
밤새 또, 취객들에 차이고 짓밟혀,
이젠,

제 모양마저 잃어버린
늙은 양재기
하나,

또 그만큼은 늙은
쓰레기 줍는 할아버지가
흔연한 눈빛으로
그걸 줍는다.

누가
날,
이젠 저 양재기 처럼 제 모습 다 잃고
쭈그러져 버려진
날,

저리 흔연한 눈빛으로,
주워줄까.

# 북창동-순두부집 주인아줌마

쓸쓸한
봄날,

반쯤은 시들은
전주 북창동-순두부집 아줌마에게,
오늘 점심엔 무얼 먹을까
물으니,
해물-순두부를 먹으라
한다.

냉이-바지락-순두부를 먹고싶다
했드니,
요지음은 냉이가 빨리 쇠어져서,
벌써 들어갔다
한다.

냉이는 벌써,
봄을 지냈다 한다.

문득
돌아보니,

나도 저 봊도랑가
냉이처럼,
저 순두부집 아줌마랑
같이,

이젠, 봄이 더 갔나부다.

저 봊도랑가 냉이처럼,
이젠
머리 위에
하얗게 꽃이 피어.

# 비

비가
온다.

혼자
걷다,

혼자
젖는다.

우산도
버린
채,

저승 가는
고요한,

숲길.

# 저녁 어스름
- 독작

서럽게 서럽게도 붉은 노을 지고,

동편 하늘에 가뿐히 뜬 초승달,

고향 집 평상 위에 앉아,

초승달 바라보며

혼자 기울이는,

이 쓸쓸하고 맑은

술

한 잔.

# 그 집

- 노을밥

처서 지난 저녁
해거름,

혼자 숲길을
걸어,

혼자
있는, 그 집

마당가에
이른다.

그 사람은
없고,

툇마루에
차려놓은,

간촐한
밥상.

지는 노을
보며,

혼자,
밥을 먹는다.

# 한국풍류사
- 산유화

접화군생接化群生, 이 도에 닿으면 온갖 죽었던 것들도 모다 다 살아난다는, 우리 조선나라 조선 풍류, 뫼나리 사냇노래 사뇌가 산타령 산유화 따라, 고조선 삼국 남북국 고려 이조를 거치며, 마둥이노래 선운산가 정읍사 만물산야 육자배기 지나, 노장산유화 지나, 웅포 출신 조선 가왕 송홍록을 거치며 노장산유화에서 진양조로, 근자에 와서 소월 산유화, 남인수 산유화, 용필이형 산유화로,

지나간 날을 그리워 하면
가슴은 마냥 흩어져가고,
외로운 밤을 지나노라면
지나간 날에 사랑 이야기,
사랑에 미련 버리기에는,
아직도 나아는 그대 그림자,
그 입술도 눈망울도오,
내에 앞에 남아 있는데,
산유화야,

산유화야,
언젠간 지워버릴 그 마음
산유화야아,
그대애에, 숨소리마안
남았네.
외로움을,
그리움을,
버리고,
버어리이고오.*

*뒷부분은 조용필의 노래 「산유화」 가사 일부임.

# 달맞이꽃

입추 전날,
빈 달밤,

내 태어난
산골, 신작로 가 달맞이꽃
그리워,

혼자
그대 집 길가 찾아가,

고적한
달맞이꽃 혼자
본다.

아무도 없는
세상,
혼자,
달맞이꽃 본다.

내 빈 집 앞 뜨는 초승달 보듯,
그대 빈 집 앞,

달맞이꽃
본다.

# 상사화조

봄엔
이파리만 피었다 지고,

가을엔
이파리 없이 꽃숭어리만 피었다 지는
상사화,

잎과 꽃이 서로를 그리며
평생을 피고 지듯,

우리의 그리움도,
저 상사화 이파리와 꽃숭어리
처럼,

그렇게 간절히만
있었으면
한다.

# 삶

숨 쉬면 산다
하기에,

깊은 들숨 들이마시고,
기인 날숨,
내쉬인다.

이 들숨과 날숨 사이에
오늘도,

내가 아직
여기에 살아
있다.

# 잠시

당신을
기다리는 날,

기다리는
당신,
오지 않고,

늘,
있는
나무들, 그 자리에
있고,

어디선가
바람 한 줄기,
불어온다.

잠시,

말없는 사물들과
같이,

당신 없는 이곳에
있다.

## 하루 2

오늘도 안타깝게 하루,
하루가 간다.

그대여, 내 무얼
더,
그대에게
말하랴,

사랑
밖엔.

# 산마을

오던 비 그치자
시냇가,

키 작은 국수나무 위
산머루가
말갛다.

사람들 오지 않는
이 텅 빈 마을
개울가,

산머루 혼자
말갛다.

시냇물과
함께,
마알갛다.

## 잠시 2

잠시
머물다 가는
바람,

잠시
머물다 가는
사랑,

잠시
따스한
가슴,

잠시
빛나는
절망.

# 삶 2
- 책

오십 권 쓰고
가려
했는데,

벌써
오십 권.

다시
오십 권 쓰고
가리라
생각하며,

또 한 권의
허무를
본다.

## 고향

돌아온
고향,

아무도 없는,
쓸쓸한
마당가,

절로 익은 노오란 개똥참외
하나,

머엉하니,

먼 산,
바래인다.

# 조선사람

아침,
해장국집 둘러앉아
속풀이국 먹으며
산다.

한반도 전쟁얘길,
평생 들으며
산다.

칠백 번 이상의 외침을 받으면서,
단 한 번의 외침도 제대로 해보지 않은 채,
어떻허면 서로 더불어 잘 살 수 있을까,

인내천, 해원, 상생
생각하며
산다.

# 하루 5

한 사람을 생각하며
하루가 가는
행복이여,

오직, 한 사람을 기다리며
하루가 가는
기쁨이여,

아무것도 이루어진 것은
없으되,

그래도 이루어지길 바라며
사는,

이 빈 손의
덧없는,

덧없는
기쁨이여.

# 냉면

냉면을 먹을 때마다
생각나는
그 사람,

법당 한 귀퉁이, 가끔씩
먼 산 바래며,

눈물 지울
그 사람,

그 법당,
수없이 서로 마주 돌며,

끝끝내,
끝끝내,
마주 잡지 못한,

그 법당 탑돌이
그 사람
그 손.

## 만큼

어느 만큼, 어느 만큼
헤아리며
살다,

이제 더는 헤아리기 어려움에
둘 데 없는 마음,
둘 데 없는
눈,

무심코
먼 산 바래이다,

그 산 위로
비 개인,

푸른 하늘
본다.

# 행복 11

숲 속, 산책길
동박새 한 마리가
길가에 죽은 땅강아지를 물고 가려고
가진 애를 쓴다.

잠시, 가던 길 멈추고
동박새가 볼 일을 다 볼 때까지
기다리기로
한다.

이윽고,

동박새가 큰 땅강아지를 물고
제 새끼들이 그 조고만 주둥이들을 노랗게
벌리고
애타게 기다리는 숲속으로
날아갔다.

# 지문

- 지직

어린 날, 방바닥 깔개가 별로 없던 시절,
시냇가 무성한 갈대들을 베어다가
갈지직 돗자리를 만들어 가지고
방바닥에 깔고
살았다.

어린 날, 왼종일 혼자 산들을 헤메이다 돌아와,
그 지직자리 위에 잠이 들면,
얼굴 볼엔 지직라리 지문이
선명히도 찍히곤
하였다.

사람들이 이 말을 못 알아들어
사전을 찾아보니, 지직이란
평안-황해도 방언이라
한다.

어린 날 지직자리 같이,
내 말 속에 선명히 찍히운

황해-평안도
지문.

# 더미

- 운명신 '감은장아기'의 말씀

내 덕으로 윈 식구들 잘 살게 되니,
나만 쏙 빼고, 다들
잘 살려 하는구랴.

나만 쏘옥 빼고,
돈권 쥔 부모도 다 당신 덕이라
하시는구랴.

내 덕으로 번 돈 600조를 은행에 넣어두고,
나만 쏘옥 빼고,
당신네들과 은행만
배 부르려 하는구랴.

당신들은 돈더미 위에 앉아 배 터져 죽고,
나는 빚더미 위에 앉아
속 터져 죽는구랴.

나를 쫓아낸 큰언니 은장아기
노둣돌 밑 청지내 되고,

나를 쫓아낸 둘째언니 놋장아기
두엄더미 위 말똥버섯
되는구랴.

나를 쫓아낸 우리 부몬 마침내
온 재산 다 잃고,
세상 떠돌이 눈 먼 봉사
되는구랴.

쫓겨난 나는 다시 마동이를 만나
금덩일 찾아 다시 부자가
되었구랴.

돈더미에 눈 먼 우리 부모 눈
다시 띄우겠구랴.

그제야
큰 언니 은장아기, 작은 언니 놋장아기
다시 새 사람

되겠구랴.

그제야,
나는, 당신네들 팔자를 관장하는
운명신이
되겠구랴,
되겠구랴.

# 별가슴

창가에 별
하나,

그 별 아래
사람
하나,

바람이 잠시
지나가는
밤,

그 밤보다 더 어두운,
외로운
가슴
하나.

## 신탁통치

일제강점기는 그래도 하나로 살았는데, 나라를 반으로 나누어 넘에게 맡기는 것은 일제시절보다 더 못한 일이라 모다 반댈 했는데, 이보다 더 지독헌 내 외로움 어디 맡길 데 없나, 신탁통치 해 줄 데 없나, 오늘도 이리저리 두리번거리는 하루여.

# 댓가

옛적 소월 선생의 시에 '죽지 못해 산다는 말이' 있듯이, 내가 죽기 위해서도 그만한 댓가가 필요한가부다. 내가 죽기 위해 필요한 댓가는 얼마일까, 아무도 알려주는 사람 없고, 모다 살려고만 한다. 말해주는 사람 없으니, 내 살며 견디며 곰곰 생각해 볼밖에. 살며 견디며, 그 댓가가 얼마인가를 몸으로 배워가는 것이 인생인가 한다.

# 비 2

돌배나무 가지 위 박새 한 마리
가만히
있다.

할아버지 시냇가로 방문 열고
사랑방에 가만히
있다.

아직 시집가지 못한 둘째 고모,
안사랑에서 뒷문 열고
가만히
있다.

아버지 삽 들고 논가로 나가
물고 옆에 앉아 잠시,
가만히
있다.

잡아오지 말라던 어린 새 한 마리를 또
몰래 붙잡아온 난,
부엌 뒷문 곁에
가만히
있다.

# 사람

말 몇 마디 남기고,
모두,
숲으로 가다.

# 찻집

- 디딤

아늑한 무덤 안에 들듯이, 오늘도 나는 내가 늘 앉는 그 자리에 가만히 앉는다. 늘, 내가 이 자리에 앉듯, 오늘도 내 가슴은 여전히 뛴다. 오늘도 내가 여기 이 자리에 앉듯, 오늘도 내 작은 가슴이 이렇게 뛰듯, 오늘도 내 아픈 하루가, 여기 이 아픈 세상에 있다.

## 소식 5

- 정말

오늘도,
해가 떠올랐습니다.
저도 다시 일어났습니다.
새들도 다시 깨어나 울고 있습니다.
아버님하고 통화도 했습니다.
동생하고 통화도 했습니다.
다른 사람들은 제 전화를 받지 않습니다.
저승에서 다시 만나기 전에 모두들,
아직 할 일들이 많은 모양입니다.
오늘은 모두가 제 전화도 받길 실어허는 것 같아,
그냥 혼자 술을 마십니다.
술맛이 진짜진짜 뭣같습니다.
정말, 죄송합니다.
정말.

# 고무줄

새것이면 새것대로, 낡은 것이면 낡은 것대로, 팽팽히 늘어나 당겨질 수 있어야 고무줄, 오늘도 난 낡은 대로나마 내 고무줄을 한껏 당겨 볼밖에. 언제 어느 곳 내 고무줄이 못 견디울 곳 생길지, 생기어선 끊혀질 것인진 알 수 없지만, 오늘도 그저 난 내 고무줄을 끊혀지지 않을 것 같은 데까지만이라도 한껏 당겨 볼밖에. 그러나 투욱 하고 끊혀지면 그뿐, 내 한 생앤 다 가고 말아.

# 다시, 가을

이 가을,
혼자 집 앞에 서서
바람을 맞습니다.

그토록 오오래 그리워허던 당신.
당신이 떠난 자리에,
새로운 당신이
돌아와,
잠시, 내 곁에 섭니다.

저 길모퉁이엔 낯선 차 한 대가
멈춰 서 기다리고 있습니다.

당신과 내가 잠시,
행복합니다.

이 가을에도,
바람이 붑니다.

우린, 이제
하나입니다.

잠시.

## 한국신화략

미국은 북미의 수 백 개 인디안 부족을 멸망시킨 신화로 살고, 서양은 하늘의 신 제우스가 땅의 신 가이아를 무참히 살해하며 시작되는 헬레니즘 천지창조 신화와, 나 이외엔 그 어떤 신도 용납허지 않는다 허시는 헤브라이 신화로 살고, 그러헌 신화들을 등에 업구서 이 사람들은 북미 인디안, 남미 인디오, 아프리카 원주민, 오세아니아 원주민들을 모다 도리 지꾸뗑이를 치는 재미루 살고, 우리나라 사람들은 하늘의 신이신 환인 옥황상제님의 아들 환웅이 땅에서 나온 미련 곰팅이 웅녀와 화합하여 환검 곧 단군님을 낳아, 그 자손들이 이 세상의 천대받은 온갖 신들을 다 이 나라로 모셔들여 신단에 모셔 놓고, "사람이 곧 하늘잉게루 사람무시허들 말어라. 그러면 못 쓰는 것이다." 일침을 놓구서, "느그들 땜시 이 시상으 한이 너무 만히 쌓여 안되것다. 해원을 혀야 쓰것따. 그리 혀야 시상 사람덜이 인자 함께 더불어 서루들 같이 잘 살것따. 이것이 상생이다. 그리 허여야 진정으루 시상 사람덜이 하나루 아울려 잘 살 수 있것따. 이것이 대동이다. 우리나라 사람덜은 나라 크기는 즉어두 허는 소리는 이렇게 이 시

상으서 제일루 큰 소리를 치구 살어 왔다. 이것이 한국 신화의 요체라." 하나니라. 각설

그래서, 20세기 최고 종교학자 미국 하버드대핵교 하비 콕스 교수님도 이러한 사실을 콕 찝어 혀를 차시며, 그의 유명한 책으서 "참 이 나라 대단헌 나라다. 이이상헌 나라다!" 이렇게 말씀을 허시니라.

그리구, 한 가지 첨언을 허자면, 최근에 내 친구 유인이가 전주 풍남문이서 기독교 불교 천주교 원불교 등 어려 종교 신자들을 모아다가, 세계 종교축제를 몇 년째 계속 허닝게루, 유엔이서 내 친구 유인를 불러다가, "우리덜이 시방 아이에스 땜시 골치가 지끈지끈 아퍼서 시방 뭔 대책을 세워야 허것는디, 뭔 뽀족헌 대안이 서들 안혀서 당신을 불렀응게루, 뭔 대안을 조께 내어보쇼." 내 친구 왈, "아니, 긍게, 우리 맹키루 천주교 불교 기독교 원불교 뭔 교 다 모여서 같이 노래두 허구 춤두 추구, 같이 손잡고 올랫길도 것구 그러면 된다닝게요! 그것이 뭐 그리 어려운 일인감유?"

이 말을 들은 유엔 무신 기구 사람덜이 그저 눈만 멀뚱멀뚱이 뜨구서 뭔 대답을 못허구서, "참 그 나라, 이 이상헌 나라네!" 혔다고 허나니라.

# 홍어 드서유

남 몰래 외로운 세월은 가고, 물결은 천 번 만 번 밀려오는데, 못 견디게 외로운 아득하안 이 세월을, 그리움 땜시 검게 타아버린 흑산도루 가서, 죄 없는 홍어 한 마리를 잡아, 급히 나주 영산포루 호송하야, 냉수 맹물에 깨까시 씻은 다음, 볕 잘 드는 바깥마당 터밭 땅 위에 지프래기를 깔구서, 그 위에 홍어를 뉘어 놓구서, 그 위에 항아리 뚜껑, 그러니까 오지 반대기를 덮구서, 그 지프래기와 오지 반대기 사이를 잘 이긴 황토 흙으루 둘러 바르구, 햇볕 아래 사흘 정도 두면, 그 홍어가 잘 삭너니라. 이렇게 허여 잘 삭혀진 홍어를 막걸리루 깨까시 빨아, 막걸리 식초를 늫구서, 갖인 양념을 늫구서, 손맛나게 무쳐내면, 억울한 홍어의 한을 삭힌 맛있는 홍어무침이 되나니라. 억울한 홍어 한의 기맥힌 맛이 되나니라. 맛있게들 드시게나, 잘 삭힌 내 몸뚱일. 그 뒤야 뉘가 알리. 더질더질.

# 사랑

서양 사람들은 사랑을 러브라 하는데, 이 말의 본뜻은 자유라 한다. 우리나라 사람들은 이것을 사랑이라 하는데, 그 본뜻은 곰곰 생각함이라 한다. 속박으로부터 벗어남이 자유요, 자유가 러브의 본뜻이고, 속박에서 벗어나는 것이 아니라 그 대상을, 그 대상과 관련된 사물과 우주를, 곰곰 생각해 보는 것이 사랑이라면, 나는 러브가 아니라 이런 사랑의 길을 가고자 한다.

사랑으로 하여, 내가 왜 기쁜가, 행복한가, 또 사랑으로 하여 내가 왜 이토록 고통스러운가, 그러면서도 왜 그대의 속박에서 벗어나고싶지 않는가, 그러면서도 왜 그대와 더불어 살고 싶은가, 끝끝내 끝끝내 이 사랑을 위해 죽고자 하는가를, 곰곰 생각하며 살고자 한다.

사랑이여. 그대와 그대를 둘러싼 우주의 온갖 사물들을 온통 찬란히 빛나는 광휘로 휩싸이게 하는 사랑이여. 오늘도 나는 그댈 곰곰 생각하며, 잠들지 못한 채 이 새벽 동트는 창가를 서성인다.

# 가지너물

혼자 사는 작은 집, 싱크대 앞에서 한 사람이 안절부절이다. 그제는 너무 빨리 불을 꺼서 가지가 설익었고, 어제는 너무 늦게 불을 끄는 바람에 가지가 곤죽이 되었다. 오늘은 기필코 가지를 제대로 익히리라 마음먹고, 지금 싱크대 옆 가스레인지 앞에 바짝 붙어 서서, 그제와 어제 사이의 가장 적절한 중용의 저스트 비팅 타임을 찾고 있는 중이다.

조금 설익은들, 조금 더 익은들 무어 대수이랴 하면 또 그렇긴 하지만, 나는 그래도 가지너물이 설익지도 너무 곤죽이 되지 안고 잘근잘근 씹히는 맛과 부드러운 가지 본래의 맛이 잘 조화를 이룬 가지너물을 만들어 먹기 위해, 이제 막 끓어오르기 시작하는 양은냄비 속의 가지를 조마조마 지켜보고 있다.

사랑이여. 내가 너무 조급하여 당신을 놀래켜 떠나 있게 했던 그 오랜 세월과, 이제 내 곁으로 조금 다가오고 있는 당신을 또 다시 아주 영 떠나가게 할지도 모르는 내 마지막 사랑의 고백 앞에서, 내가 진정 당신에게 "사랑한다!" 말할 가장 적합한 때가 언제인지를 알게 하여 달라고 하느님께 기도하고 있다.

우리가, 이 뜨겁고 거세인 가스불을 끄고, 설익지도 않고 너무 곤죽이 되지도 않은 이 가지너물을 건져 맑은 찬물에 깨끗이 식혀서, 이렇게 알맞게 데쳐진 보랏빛 가지들을 먹기 좋을 크기로 자잘히 찢어서, 오래 묵힌 조선간장, 기운을 돋우어줄 다진 마늘, 사랑을 힘차게 할 파를 넣고, 고소한 참깨를 뿌리고, 거기에 다시 더 고소한 참기름과 은근히 고소한 들기름을 두르고 손으로 조물조물 무쳐서, 수복 글자가 새겨진 하얀 옛날 접시에 담아 밥상을 차려, 둘이 마주앉아 함께 오래인 정 그득 고인 눈으로 서로를 물끄러미 마주 바라보며, 그 옛날, 당신이 떠나기 전에 내게 사 준 놋수저를 꺼내어 함께 마주할 간절한 밥상을 생각하며, 이렇게 온 마음을 기울여 가지너물을 데친다.

## 다시, 고향에

오늘도 날이 밝고
해가 뜨고,
이 세상엔 아직 멀리
당신이 있고,
내가 흙으로 돌아가기 전에 일굴
몇 뙈기 묵정밭이 있습니다.
밭머리엔 아직, 끊이지 않은 맑은 샘도
솟아납니다.
이 샘물로 목을 축이며
이 묵정밭 갈고 씨 뿌려 거두어
감자 조밥을 짓고,
밭가상이 뿌리가 실한 꼬들빼기들을 캐어
김치를 담가 놓고,
한 사람을 기다립니다.
눈 내리는 겨울,
저 잎 진 돌배나무 성황당 앞길을 걸어,
내가 기다리는 이곳으로
돌아올,
오직 한 사람, 당신을 기다립니다.

## 제2부

# '햇볕 쬐러 나오다가'

# 산책길 9

산책길에 만난
숲속의 무덤
하나,

죽은 소나무 사이 잡목이 우거져
숲을 이루었고,

이 세상에 태어나
한 때는 찬란할 때도 있었을
그대가,

오늘은
묵묵히,

자연의 일부가 되어
있다.

# 망해사 1

그대 소식 밟아와
처음 보는 언덕,

쓸쓸한 언덕 위에
몇 개의
무덤,

무덤 위로 저무는
붉은
노을,

걸어 내려가 만나는
미지의
물.

## 망해사 2

멀리 바다가 보였다.

이제는 아무도 내 일을 방해할 수 없다고 생각했다.

겨울이었다.

# 육자배기

가마득하다,
당신이 부르던
노래,

죽어 무덤으 들어
남녀노소 있나,
살어서 생전으 각기 마암대로만
놀아볼꺼나아
헤-

죽은 자와 산 자는
어디서 만날까,

오오래 생각하다가
내가
죽으면.

# 눈물

눈물이 있다면 곧 개이는 것이겠지요.
할 말이 없으니 그러시겠지요.
당신의 말이 아프지 않으니,
곧 낫겠지요.

오래 걸리지 않겠지요.

혼자 나가 보는 어둠,
끝끝내 우리는
함께,

이 어둠 속에서
함께,

잠시.

# 김광수

그가 학교에 안 왔을 때,
반에서 제일 공부 잘 하는 애가 며칠째 보이지
않았을 때
그가 수업료를 못 내서 못 온다는 걸 알았을 때
그를 찾아가 초산 마루 그의 집을 찾아가
그가 부끄러워 숨어버리고 나오지
않았을 때,
그가 영 우리 앞에서 사라졌을 때
우리 반은 공부 못하는 반이 되는 것을
알았을 때,

김광수, 김광수, 지금 그는 뭘 할까
어디 누구의 집에서
어디에서,

이 추운 세모의 섣달그믐 귀향길
빽빽이 들어찬 시골행 막버스,
메마르고 찌들린 얼굴들 틈에
올해도 여전히 너는 없고,

등을 돌리면 차창 밖으로 희끗희끗 날리는 눈발,
눈발 사이로 여전히 얼어붙은 산천
김광수 너의 얼어붙은 생애가
한 치도 변치 않고
살아 있구나.

# 다시, 고향에 가서

보리도 심지 말고
벼도 심지 말고
우리도 이젠 아버지 제 월급으로
그냥 가난하긴 매한가지 제 월급으로
우리 그냥 이 집에서 편히나 살아요 아버지
몇 뙈기 밭도 팔고 빚도 갚고
우리 그냥 떳떳하게나 살다 가요 아버지
서양 어느 유명한 철학자는 죽을 때
빚진 닭 한 마리가 맘에 걸린다고
그 닭값을 못 주고 가 부끄럽다 했다는데,
대 철학자도 못 되면서 왜 우린
빚만 산더미 같이 짊어지고 살아요 아버지
빚 갚아 주겠다던 김대중도 떨어지고
빚 갚아줄 수 없다는 노태우만 되었으니,
이제 우린 끝장이예요 아버지 남은 것이나 팔아
더 옥죄기 전에 남은 것이나 팔아
얼른 더 숨 막히기 전에 빚진 거나 갚아요
아버지
애야. 빚 갚으면 뭘로 사니

그래도 빛이 우리를 살리는데,
빚 갚고 어떻게 하룬들 살겠니
이리 찬바람은 불어도 봄 되면 새싹 나고
땀 흘려야 가을엔 열매가 열지 않던,
인생은 그런거다 봐라 네
사는 건 그런거다
봐라 네.

# 설 무렵 고향 소식
- 다시 세모에

고향 마을 친구는 둘,
하나는 진작 떠나고
하나는
올부터 오지 않는다.
살기 위해 그는 부모의 집과 땅을 모두 팔아갔고
집도 땅도 없어진 그의 어머니는 그 일로
돌아가시고
땅도 집도 아내도 없어진 그의 아버지는
그의 서울 큰형이 모셔갔고
모셔간 지 몇 달 안 되어 그는 다시 동네로
내려왔고,
동네로 내려와선 살던 옛집 사랑채에 하룻밤을
청해 자고
다음날 죽은 아내 무덤가를 서성이다,
그 다음날도, 그 다음날도, 죽은 아내 무덤가를
서성이다,
거기서 마침내 약을 먹고 죽었다.
평소에 그가 가장 잘 따르고 좋아하던
우리 할아버지가 가서 그의 눈을 감겨주고,

염을 해서 아내 곁에 고이 묻었다.
그 후, 내 친구 사람들 몰래 고향으로 돌아와
부모 무덤가를 서성이다,
다음날도, 그 다음날도, 부모 무덤가를
서성이다,
어린 날 나와 같이 미역감던
북창골 시냇가 그늘진 바위,
거기서 내 친구는 약을 먹고
죽었다.
평소에 나를 보면 자식처럼 좋아하던 그분들,
평소에 우리 부모를 제 부모처럼 모시던
그분들의 아들
내 친구,

아아, 오늘도 바람끝이 차구나.

# 산수유꽃

봄을 노랗게 여는 꽃
씨 뿌리고 돌아올 때 잠시 보는 꽃,
사람들이 사는 집 돌담가 밭머리에
고요히
곁들이는
꽃.

## 봄노래
- 산당화

햇볕 쬐러 나오다가 본

산당화꽃,

너무도 멀리 지나와버린 것,

이제는 다시 산으로 가지 못하는 산당화,

이제는 다시는 더 돌이킬 수 없는 과거,

산당화 꽃에 어리는

붉은

절망.

## 강가에서

내가 이 어둠에서 사라질 때까지
오늘도 바람은 부는구나.
하루하루가 어둠에 밀려서 흘러가버리고
갈밭에 우는 새, 머리 위의 하늘
물가에서 보는 이 쓸쓸한 하루하루가
꼭 언제라고 말할 수도 없이
풀밭에서 강 언덕으로 이어져서
바다로의 세월을 이루었구나.
가도 가도 가냘픈 이 하루하루가,
풀섶의 찌르레기 소리처럼 연연히 스러져서
간간히 스며져버린
소리의
얼룩들,

꽃을 따서 속절없이 저 강에 던져도,
이 그리움 가눌 길 없고,
홀로 되어 강길 가도 그렇게 그렇게만
흘러가는 이 세월이, 검은 강물이
홀로 깊어진

한 때를 이루었구나.
이 어둠의
세월에.

## 전주 1

소슬한 이마로 누님을 모시고
버드나무 아래에서
에인 살을 만지면
애릿하여라,
눈매에 어리는
해맑은
산하.

# 전주 2

낫달 하나 비에 씻겨
살어가기로,

바람아 뭇 잔별아
미친 짓이냐,

낡은 단청 아래로
옛물이 숨고,

탁배기에 내리는
호리낭창
새
신록.

# 전주 3

가난한 집에서 태어나

초저녁에 뜨는 금빛 달,

세월이 깊어가면서

시간이 녹아가면서,

흐느끼는 소리를 다라가

물에 닿았다,

사람아.

# 봄노래 5

함께 살던 새도 죽었네.
언덕에 올라,
푸른 들을 바라보네.
세월이 끝없이 흘러간 뒤에,
내가 헤메일 깊은 골짜기,
스러지는 중에
눈 감을 일도
생각나네.

# 손톱

비 오는 날 창가에 앉아
손톱을 깎는다.
비누칠을 해서 연하게 깎여지는 것,
오랜 세월을 끊임없이 쉬지 않고
되살아나고 되살아나는 것,
사슴뿔을 잘라 먹고 올봄을
살았다.

나의 이 어리고 허약한 손톱은
쓸 데가 없는 것일까.
언제나 깎아선 버리고 개운한 것,
손톱으로 할 일을 포기하고
나는, 더 큰 손톱을 용서한다.
짐승에게 있는
사나운 발톱보다,
약하디 약한 나의 손톱이
오늘은 더
무섭다.

## 새알

비를 맞으며 오월 열사흘,
숲속 산길을 걸어
이윽고 이른 묵정밭머리

작은 느릅째기 한 마리,
비를 맞으며 알을 품고 있었다.

며칠 뒤 다시 갔을 때,
새는 없고 알만 남아
구멍이 뚫렸다.

## 망향가

세월이 가면
그대 볼록한 유방도
철조망도
세월이
가면,

세월이 가기 전에
저 풀밭과 같이,

그렇게 해마다 무성히
무성히, 함께 살자
우리.

# 여름

- 해거름

비 개인 해거름

동무와
술
한 잔,

오줌 싸러 숲에 들 때,

마주 걸어 나오는
서늘한
달.

## 여름 5
- 그늘

그늘에서 사는 것
그늘에서 사는 것이 음덕임을
오랜 장마처럼 맑게 보게 될 때,
바람 많고 먼지 낀 이 길가에서라도
그늘을 드리워야 할 때가
되었을 때,
더 이상 음덕으로만 살 수 없게 되었다고 생각될 때,
홀로 듣는
이 산천에
빗소리,
빗속에 기울이는
그대와의
이 쓸쓸한
술
한 잔.

# 서고사

- 패랭이꽃

장맛비 그치고
다시,
산빛이 푸르러진다.

풀매미가 찌이 하고 울다 그치면,
아직 남은 빗발이 가끔 후두기고 지나간다.

지난 무더운 어느 날
당신의 작은 손가락 사이에서 잃어버렸다고
아쉬워하던 꽃,

홀로 거니는 서고사 산자락에
곱게 피어
있다.

## 가을 1

추수 후의 들판에

몇 개의 벼 알,

그 안도와 쓸쓸함

운명과 기대,

누군가에 의해 추수되지 않은 자의

작은

생명.

## 가을 9
- 무밥

해 질 무렵,

무밥이나 해서 먹다가,

성큼 이승의 돌다리를 건너 뛰어

무덤에 들면,

아버지와 함께

덤덤히 먹고싶은,

무밥.

# 가을 11
- 비움

마음을 비운다는 것이
얼마나 어려우랴.

어릴 적 마을 동구의 아람드리 괴목나무
수 백 년이 지나야 속이 비나니,

죽지 않고 살아있는 고목나무 아래서
막걸리 한 잔에 노래하시던
전라북도 남원군 수지면
호곡리,
팔순 할아버지의 허름한
상여소리.

| 발문 |

# '메나리조'로 들려오는 조국 산하의 바람소리

호병탁(문학평론가)

1.

조용히 비가 내리고 있는 아름다운 풍경이 담긴 그림이 한 폭 있다. 감정의 여린 숨결까지 고스란히 들리는 것 같은 그림이다.

돌배나무 가지 위 박새 한 마리
가만히
있다.

할아버지 시냇가로 방문 열고
사랑방에 가만히
있다.

아직 시집가지 못한 둘째 고모,
안사랑에서 뒷문 열고
가만히
있다.

아버지 삽 들고 논가로 나가
물고 옆에 앉아 잠시,
가만히
있다.

잡아오지 말라던 어린 새 한 마리를 또
몰래 붙잡아온 난,
부엌 뒷문 곁에
가만히
있다.

-「비 2」 전문

묘사되는 대상들은 모두 "가만히" 즉, 움직임이 없이, 소리 없이 있다. 서있는지 앉아 있는지도 알 수 없다. 또한 감정을 나타내는 말도 전혀 없어 그 대상들이 슬픈지 기쁜지 혹은 어떤 다른 생각을 가지고 있는지도 알 수 없다. 그럼에도 앞서 말한 것처럼 모든 대상들의 섬세한 감정이 그 숨결까지 그대로 전달되어 오는 느낌이다.

이 고즈넉한 풍경 위에는 조용히 비가 뿌리고 있다. 폭풍우 같은 요란한 비가 절대 아니니다. 소리 없이 우리의 마음까지 촉촉하게 적시는 비가 조용히, 조용히 내리고 있다. 그런데 작품 전체 어디에서도 '비'라는 어휘는 물론 비가 내리는 정황도 찾을 수 없다. 작품 제목이 「비 2」다. 우리는 이 시제로부터 자연스럽게 빗속의 풍경을 그리게 되고, 정물처럼 "가만히" 있는 대상들로부터 '조용히' 비가 내리고 있음을 유추하게 된다.

첫 연에는 나무 가지 위에 박새가 몇 마리도 아니고 단 "한 마리"가 '울지도 않고' "가만히" 앉아있다. 비 뿌리는 풍경을 더 적적하게 만드는 동시에 시의 전체적 분위기를 조성하여 우리가 쉽게 작품에 몰입할 수 있게 한다.

둘째 연에서 할아버지는 방문을 '열고' 사랑방에 "가만히" 앉아 밖을 내다보고 있다. 더 정확히 말하자면 시냇가를 바라보고 있다. 시내에 흐르는 빗물을 보며 들에 나간 아들을 기다리고 있을 터이다. 할아버지의 모습에서 범부와 몸과 세간을 떠나지 않는 자연 청정의 본성을 본다.

셋째 연에서는 둘째 고모가 역시 뒷문을 '열고' 비 내리는 바깥을 내다보고 있다. 아주 중요한 정보가 제공되는데 그 고모는 "아직 시집가지 못한" 아가씨라는 점이다. "가만히" 밖을 바라고보고 있는 고모의 눈에는 그리움이 가득하다. 언젠가 자신을 데려갈 임을 기다리고 있을 것이다. 할아버지도 둘째 고모도 둘 다 문을 "열고"있다. 밖을 보기위해서이다. 그렇지 않다면 문을 열 필요가 전혀 없다. 밖을 보는 그들의 모습에는 공히 선연한 기다림의 감정이 묻어있다.

다음 연에서는 "삽 들고 논가로 나"간 아버지가 물고를 "가만히" 바라보고 있다. 여기서 작품의 전체적 배경에 '조용히' 뿌려지는 비가 결정적으로 나타난다. 폭우가 쏟아지고 있다면 농부인 아버지가 "가만히" 물고를 바라보고 있을 리가 없다. 당장 들고 있는 삽으로 논두렁을 손보느라 분주했을 것이다. 그럼에도 "물고 옆에 앉아" 있는 것은 "잠시"다. 여기에 동원된 '잠시'라는 어휘는 큰 의미를 내포한다. 조용히 내리고 있지만 비는 비다. 물고를 가만히 바라보던 아버지는 '잠시' 후 일어설 것이다. 기후는 농사를 좌우하는 결정적 요인이다. 농민은 천인합일의 정신에 따라 직관체오直觀體悟적 사유로 행동한다. 검은 구름이 몰려오면 그 뒤에는 비가 따라온다. 자연의 변화에 빠르게 대처해야하는 농민의 직관적 통찰은 과학 논리적 분석에서 오는 게 아니라 바로 이런 직관적 체오에서 온다. 그리하여 그들의 인식과 행동은 민첩성과 신속성을 가지게 되고 때로는 신비로운 통찰력을 발휘하여 지식이 전개하는 추론과 분석을 쉽게 뛰어 넘는다. 이제 아버지는 자신의 직관과 경험에 의해 가지고 간 삽으로 물고는 트고 논둑은 단단하게 여밀 것이다. 아버지가 보여주는 이런 행동이야말로 바로 즉각적인 깨달음이라는 돈오頓悟, 즉 '당하즉오當下卽悟'가 아니고 또 무엇이란 말인가.

마지막 연에서는 갑자기 강한 내적 긴장이 발생하고 있다. 어린 화자가 잡지 말라는 "새 한 마리를 또 몰래 붙잡아" 왔기 때문이다. 당연히 화자는 평소에 모든 연약한 생명들을 함부로 대하지 말라는 집안어른들의 가르침을 받았을 것이다. 그런데 이를 어기고 또 어린 새 한 마리를 붙잡아 왔다. '어린' 화자는 '어린' 마음에 '어린' 새가 귀엽고 사랑스러워 데려다 키우고도 싶었을 것이다. 그러나 이는 가르침에 대한 반칙이다. 따라서 할아버지처럼 사랑방도 아니고, 고모처럼 안사랑도 아니고, 아버지처럼 들도 아니고 고작 '부엌 앞문'도 아닌 "뒷문 곁에"서 "가만히" 서있다. 가슴이 두근거리고 있을 것이다. 이 새를 잡느라고 어린 화자는 깜냥에 얼마나 큰 수고를 마다하지 않았겠는가. 그 수고의 대가가 지금 오롯이 손 안에 있다. 마침내 쟁취한 그 전리품이 파들대며 전해주는 온기에 가슴이 두근댈 것이다. 동시에 식구들에게 지청구 먹고 구박 받을 생각을 하면 이 또한 큰 걱정거리인지라 가슴이 두근거리지 않을 수 없다. 어린 화자의 순진무구한 감정의 교차가 손에 잡히는 듯하다.

이 마지막 연에는 긴장감이 있다고 언급했다. 이 시에는 각 연마다 모두 "가만히 / 있다"라는 동일한 종결어미가 같은 위치에서 반복되고 있다. 이는 시에 리듬을 주고

미적 효과를 제고시키는 동시에 화자의 정서를 배가시켜 드러내는 역할을 하고 있다. 그럼에도 우리는 연이 진행되어 갈수록 어감은 상승되고 내용은 구체적으로 변모되고 있음을 직감할 수 있다. 특히 마지막 연에서 '새를 붙잡아 온' 사실은 자주 있는 일이 아니다. 이는 어쩌다 발생한 하나의 확실하고 구체적인 '사건'이다. 가끔 쓰는 말이지만 '역驛'은 '사물'이지만 그곳에 기차가 꽥꽥대며 들어오는 것은 '사건'이라 부를 수 있다. 대합실은 시끄러워지고 사람들은 뛴다. 즉 긴장감이 발생하는 것이다. 사건은 우리의 관심을 끈다. 만약 이 연이 없었다면 우리는 서정적 풍경을 그린 깔끔한 수채화를 보고 만 느낌이었을 것이다. 그러나 이 연의 '새 잡은' 사건은 유사한 경험을 공유한 우리를 단박에 어린 시절로 돌아가게 하고 강력한 공감의 정서를 환기시킨다. 시는 이 연을 통해 우리의 가슴 역시 두근거리게 만든다. 이제 말간 수채화의 풍경 위에 생동감의 맥박이 뛰게 되는 것이다. 그리하여 위 시는 아주 성공적인 한 편의 예술작품이 되었다.

2.

김익두가 묘사하는 풍경은 호소력이 있다. 이는 그가 호소력 강한 문장을 작품에 견인하고 있기 때문이 아니다. 내 생각에 그것은 진실의 제시에서 온다고 본다. 물론 우리는 문학이 허구의 세계를 그리고 있다는 것을 인정한다. 그럼에도 작품의 허구세계에서 발견되는 경험적 사실과의 불일치에 대해서는 거부감을 느낀다. 실제로 독자들의 진실에 대한 요구는 완강하고 끈질기다. 앞의 시가 성취하고 있는 것은 유년시절의 경험이 거의 완벽하게 재생되고 있다는 점이다. 못난 경험으로 생각하고 멋쩍어 말도 못했던 경험이 고스란히 시인의 작품에 나타나는 것을 보고 독자는 반가움과 놀라움을 느낀다. 그리고 새를 자신이 직접 잡았든, 친구가 대신 잡았든 이런 가슴 두근거리는 경험이 보편적 사실이었다는 것을 재확인하게 된다. 그래서 강한 호소력을 가지게 되는 것이다. 시인이 그린 최근의 숲 속 길의 풍경 하나를 더 본다.

숲 속, 산책길
동박새 한 마리가
길가에 죽은 땅강아지를 물고 가려고
가진 애를 쓴다.

잠시, 가던 길 멈추고
동박새가 볼 일을 다 볼 때까지
기다리기로
한다.

이윽고,

동박새가 큰 땅강아지를 물고
제 새끼들이 그 조고만 주둥이들을 노랗게 벌리고
애타게 기다리는 숲속으로
날아갔다.

-「행복 11」 전문

앞의 「비」에서나, 인용된 위의 시에서나 한 마디로 누구든 느끼는 것은 시가 '쉽다'라는 점이다. 이해의 걸림돌이 되는 부분은 전혀 없다. 따라서 특별히 해석하고 자시고 할 것도 없다. 화자는 "숲 속 산책길"에서 "동박새 한 마리가" "죽은 땅강아지를 물고 가려고" 애쓰는 것을 본다. "이윽고" 그 새는 결국 "땅강아지를 물고" 새끼들이 기다리는 숲속으로 날아간다. 하나 더 붙이자면 화자가 새가 일을 "다 볼 때까지" "잠시" 산책길의 걸음을 멈췄다는 것뿐이다. 이게 시에서 전개되는 서사의 전부다. 싱겁기 짝이 없다. 그러나 좀 더 파고들면 이 짧은 사건이 결코 싱겁고 단순한 게 아님을 파악하게 된다.

첫 연에서 화자가 본 동박새는 땅강아지를 물고 가려고 "가진 애를 쓴다." 하기야 10센티 남짓한 새가 3센티 정도의 곤충을 물고가려니 "가진" 애를 쓸 수박에 없을 것이다. 삶을 위한 치열한 모습이다. 마지막 연에서 결국 새는 목표물을 물고 "제 새끼들이 그 조고만 주둥이들을 노랗게 벌리고 / 애타게 기다리는" 둥지로 날아간다. 어린 새끼들도 살자고 먹이를 가지고 돌아올 어미를 "애타게" 기다리고 있는 것이다. 이 또한 삶을 위한 치열한 모습이 아닐 수 없다.

이 숲 속의 풍경에서 실상 가장 중요한 모티브는 새가 아니라 그것이 "일을 다 볼 때까지" 비켜서서 기다리고 있는 화자의 모습이다. 그는 그 기다리는 시간을 "잠시"라고 진술한다. 짧은 시간을 의미한다. 그러나 가진 애를 쓰고 있는 새가 잠깐 사이에 일을 끝낼 수는 없다. 그래서 인지 화자는 셋째 연 전체를 "이윽고"라는 부사 하나로 처리하고 있다. 이 어휘는 '한참 만에' 혹은 '얼마 있다가'의 뜻으로 제법 시간이 경과하고 있음을 의미한다. 즉 화자는 '잠시'라고 말하고 있지만 실상은 '한참'의 긴 시간을 가던 길을 멈추고 기다린 것이다. 여기서 우리는 작은 생명들을 향한 화자의 강한 연민을 느끼게 된다.

지구상의 가장 높은 산꼭대기에서부터 가장 깊은 심해의 해저까지 생물들은 살고 있다. 태양이 꺼지지 않는 한, 그리고 지구가 태양 둘레를 도는 한 생물들은 언제나, 어디에서나 살고 있을 것이다. 인간을 포함한 모든 생물들은 서로 유기적으로 밀접하게 상호작용을 하며 살아가고 있다. 아니 '상호의존'을 하고 산다. 모든 먹이의 일차적 생산자 녹색식물은 땅 속의 분해자 미생물에게 의존하고,

분해자를 비롯한 모든 생물은 녹색식물에 의존한다. 이는 포식자와 피식자 사이의 관계에 있어서도 마찬가지다. 늑대가 없으면 사슴이 잘 지낼 것 같지만 그 반대의 결과가 나타난다. 사슴을 보호한답시고 인간들이 늑대를 사냥해 없애 버리면 급격히 늘어난 사슴의 개체 수는 결국 초원을 황폐하게 하고 먹이가 부족한 이들은 굶어 죽고 만다. 이처럼 살아 있는 모든 것들의 생활은 서로 의존하는 것들이 만들어내는 대 드라마이다. 자연은 말 그대로 '스스로 존재하는 것'이다. 인위적 간섭 없이 그냥 스스로 살게 놔두는 것이 최선이다.

화자가 할 수 있는 최선의 행동은 바로 동박새의 치열한 삶의 현장에 끼어들어 방해하지 않는 것뿐이다. 그래서 그는 새가 노획물을 물고 날아갈 때까지 기다려주는 것이다. 별 것도 아닌 행동으로 보이지만 여린 생명을 향한 연민으로 "가던 길 멈추고" 한참을 지켜보는 사람이 우리들 중 과연 몇이나 될 것인가.

3.

김익두의 시는 대개 쉽고 간결하고 소박하다. 그런 가운데 그는 독자와 자신의 공감을 공유하고자 한다. 즉 자신의 경험을 교환하려 하는 것이고 그것도 짙은 정서가 담긴 경험을 교환하려는 것이다. 그리하여 은연 중 —아주 자연스럽게— 자신의 감정이 표출되고 나아가 철학과 사상도 피력되는 시를 만들고자 한다.

잠시
머물다 가는
바람,

잠시
머물다 가는
사랑,

잠시
따스한
가슴,

잠시
빛나는
절망.

-「잠시」 전문

쉽고 간결하고 소박한 시의 전형을 보여주고 있다. 한 행이 다섯 음절을 넘지 않는다. 각 연의 첫 행은 모두 "잠시"라는 동일한 단어가 반복되고, 마지막 행 역시 각각

"바람", "사랑", "가슴", "절망"이란 한 어휘로만 이루어져 있다. 반복되는 단어를 제외하면 단 9개의 단어로 이 시는 구성되어있다. 도대체 9개의 단어로 어떻게 정서가 담긴 경험을 독자와 나누고 자신의 감정과 사상을 표출할 수 있다는 말인가.

셋째 연까지는 무심히 읽힌다. 세상에 "잠시 머물다 가는 바람"은 많다. 우리는 살며 많은 곳을 여행하고 많은 사람을 만나게 된다. 그러다보면 어쩌다 "잠시 머물다 가는 사랑"도 생기게 마련이다, 비록 잠시이지만 그럴 때마다 우리는 "따스한 가슴"이 되고는 한다. 누구나 겪는 경험이다. 당연한 발화인지라 여기까지는 무심히 작품을 훑어 내려간다. 그러나 마지막 연에서 우리의 동공은 갑자기 확대된다.

시인은 단칼에 잠시 머물다 가는 바람도, 사랑도, 그래서 따뜻해지는 가슴도 모두 잠깐 "빛나는 절망"일 뿐이라고 결론을 내리고 시의 매듭을 묶어버린다. 놀라운 것은 모든 희망이 끊어져 버린 상태가 '절망'인데, 따라서 절망은 가장 '어두운' 것인데, 엉뚱하게도 그것이 '빛나는' 것이라는 선언적 발화에 있다. 통렬한 역설이다.

시제 「잠시」를 주목할 필요가 있다. 머물다 가는 바람도, 찾아드는 사랑도, 그 행복과 기쁨도 실상은 '잠시'다. 우리는 바람을 손에 잡을 수 없고 사랑의 기쁨도 영원히 구가할 수 없다. 결국 우리는 빈손이 될 수밖에 없다. 그래서 우리는 절망한다. 그러나 그 '잠시'의 기쁨조차 없다면 우리의 삶은 아무런 의미조차도 없게 된다. 살아도 사는 게 아니다. 비록 잠시는 짧은 시간에 불과하고 절망으로 이어지지만 그것은 '빛나는' 것이다. 따라서 '빛나는 절망'이란 말은 성립될 수 있다. 아마도 우리는 "빛나는 절망"의 연속 안에 살고 있다고 해도 과언이 아니다. 그래서 우리는 살아 갈 수 있는 것이다. 또한 그것이 실제로 우리의 운명이다.

쉽고 간결한 시로 어찌 독자와 경험을 나누고 자신의 감정을 나타낼 수 있는가 의문을 표시한 바 있다. 하지만 시인은 단 9개의 단어로 이를 성공적으로 수행해내고 있다. 나아가 "빛나는 절망"이란 짧은 역설을 동원함으로서 삶의 의미에 대한 천착까지 보여주고 있다. 이런 시는 시집 여기저기 산견된다. 그 중 하나를 더 보자.

한 사람을 생각하며
하루가 가는
행복이여,

오직, 한 사람을 기다리며
하루가 가는
기쁨이여,
아무것도 이루어진 것은

없으되,

그래도 이루어지길 바라며
사는,

이 빈 손의
덧없는,

덧없는
기쁨이여.

-「하루 5」 전문

시인은 “오직, 한 사람을 기다리며” 하루를 보내는 ‘기쁨’을 노래한다. 그것이 사람이든 사물이든 간절히 기다려본 경험은 누구나 가지고 있을 터이다. 그리고 기다린다는 것이 결코 ‘슬픔’이 되는 것이 아니라 오히려 ‘기쁨’이 된다는 사실도 인지하고 있다. 그러나 화자에게 실상 “이루어진 것은” 없다. 그럼에도 화자는 그 기다림이 “이루어지길 바라며” 산다. 우리 또한 수도 없이 이런 경우를 겪으며 살고 있다. 그것은 결국 “덧없는”, 즉 헛되고 무상하고 속절없는 기다림인 줄 알지만 우리는 그 “덧없는 기쁨” 속에 살아가고 있는 것이다. 허망한 ‘덧없음’은 즐거운 ‘기쁨’과는 대척점에 위치한다. 그럼에도 이 시에서 두 언어의 악수는 적확한 아이러니로 작동하며 시를 빛내고 있다. 이 "덧없는 기쁨" 한 마디가 글의 결미에 없었더라면 이글은 작품이 되지도 못했을 것이다.

이시는 앞의 시처럼 그저 짧고 쉽다. 어떠한 가르침이나 교훈을 주는 말도, 철학적 · 추상적 사유의 표현도 없다. 그럼에도 이런 간결 · 소박한 시를 통해 시인은 자기가 하고자 하는 말을, 깊은 사고의 속내까지를 모두 다 말해버리는 놀라운 특장을 보여주고 있다.

4.

이번 시집에서 특별히 눈에 띠는 것은 삶에 밀착된 정감어린 직정直情적 언어들이 대거 동원된 산문시가 다수 등장하고 있다는 점이다.

하늘의 신이신 환인 옥황상제님의 아들 환웅이 땅에서 나온 미련 곰팅이 웅녀와 화합하여 환검 곧 단군님을 낳아, 그 자손들이 이 세상의 천대받은 온갖 신들을 다 이 나라로 모셔들여 신단에 모셔 놓고, "사람이 곧 하늘잉게루 사람 무시허들 말어라. 그러면 못 쓰는 것이다." 일침을 놓구서, "느그들 땜시 이 시상으 한이 너무 만히 쌓여 안 되것다. 해원을 혀야 쓰것따. 그리 혀야 세상 사람덜이 인자 함께 더불어 서루들 같이 잘 살것따. 이것이 상생이다. 그리 허여야 진정으루 시상 사람덜이 하나루 아울려 잘 살 수 있것따. 이것이 대동이다. 우리나라 사람덜은 나라 크기는 즉어두 허는 소리는 이렇게 이 시상으서 제일루 큰 소리를 치구 살어 왔다. 이것이 한국신화의 요체라." 하나니라.

-「한국신화략」 부분

인용문은 조선의 건국신화를 정면으로 다루고 있다. 단군의 건국이념인 널리 인간 세계를 이롭게 하는 '홍익인간'을 설명하며 그 구체적 방안으로 해원과 상생과 대동을 실천할 것을 주창主唱하고 있다. 자칫 딱딱해질 수 있는 내용이지만 정감어린 토속 언어들을 구사함으로 독서의 즐거움을 주는 동시에 글의 윤기를 배가시키고 있다. 이는 이 시에서 주목을 요하는 점이다.

원래 시의 언어는 인간의 절실한 정감을 토로하는 직정의 말이었다. 이런 말들은 대부분 성장과정부터 익숙해져 절로 체화된 언어이기 때문에 평생 잊히지 않는다. 토착어나 방언과 같은 말이 될 것이다. 오래 전부터 익숙한 언어이기 때문에 그만큼 호소력과 친화력도 강하다. 딱딱한 신화내용을 풀어가며 화자는 바로 이런 언어를 능숙하게 구사하고 있다.

하늘의 아들이 땅에서 만나 결합하는 웅녀는 "미련 곰팅이"다. 여기서 태어난 단군의 홍익인간 정신은 "사람이 곧 하늘잉게루" 사람을 "무시허들 말어"야 한다. 그럼에도 사람들은 서로 무시해서 원한이 발생한다. 화자는 그런 "느그들 땜시 이 시상으 한이 너무 만히 쌓여 안 되것다"며 따라서 서로의 원통한 마음을 풀 해원解冤을 "혀야 쓰것따"고 말하고 있다.

이어 화자는 '상생相生'과 '대동大同'을 설명한다. 이것들은 특별한 게 아니다. "시상 사람덜이 인자 함께 더불어 서루들 같이 잘사"는 것이 상생이고 그리해서 "진정으루 시상 사람덜이 하나루 아울려 잘 살 수 있"게 되는 것이 대동이다. 오행설에서 상생은 금에서는 물이, 물에서는 나무가, 나무에서는 불이, 불에서는 흙이, 흙에서는 금이 나옴을 말한다. 서로 상극相剋이 되어 항상 충돌하는 것과는 정반대의 말이다. 그리하여 순리의 상생처럼 '서로 화합하여 세상을 화평하게 하는 것'이 바로 대동이 되는 것이다.

화자는 우리민족의 신화에 대해 강한 긍지를 가지고 있다. 따라서 자신 있게 말한다. "나라 크기는 즉어두 허는 소리는 이렇게 이 시상으서 제일루 큰 소리를 치구 살어왔"지 않느냐고. 맞는 말이다. 인용문에 앞서 화자는 서양의 신화에 대해 언급한다. 희랍신화는 제우스가 가이아를 "무참히 살해"하는 것으로 시작되고, 헤브라이 신화는 자기 외엔 다른 "어떤 신도 용납"하지 않는 야훼라는 독선적 존재로부터 시작된다. 그러나 한국의 신화는 시작부터 '함께 더불어', '하나로 어울려' 같이 잘사는 것이다. 그래서 단군과 그 자손들은 "온갖 신들을 다 이 나라로" 받아들여 "신단에 모"셨던 것이 아닌가. 실상 세상천지에 한국처럼 여러 종교가 치고 패지 않고 사이좋게 지내는 나라는 없다.

시의 말미에 화자의 친구 하나가 몇 년째 여러 종교의 신자와 함께 전주 풍남문에서, '세계종교축제'를 벌리고 있다. 잔혹한 테러를 일삼고 포로를 참수하는 이슬람 극단주의 무장단체(IS)에 골머리를 썩고 있는 유엔의 한 기구에서 이를 보고 좋은 대안이 없을까 자문을 구해왔다. 그 친구는 명쾌하게 답한다.

"아니, 긍게, 우리 맹키루 천주교 불교 기독교 원불교 뭔 교 다 모여서 같이 노래두 허구 춤두 추구, 같이 손잡고 올랫길도 걷구 그러면 된다닝게요! 그것이 뭐 그리 어려운 일인감유?"

백 번 지당한 말씀이다. 함께 모여 밥 먹고, 손잡고 노래하는 데 언제 타종교 사람들을 잡아다가 처형할 틈이나 있겠는가. 아니 그런 생각을 할 틈이나 있겠는가. 그러나 화자의 친구가 제시한 이 간명하고 현명한 방안은 아직 저쪽에서는 시행도 못해보고 있는 것 같다. 최근에도 서구문명의 상징이라는 파리, 런던에서 테러가 발생하여 수많은 시민들이 죽고 다쳤다는 소식이 뉴스 란을 도배한다.

화자의 한국 신화에 대한 해설과 친구의 세계종교 화

해에 대한 방안을 다시 음미해본다. 절대로 가벼운 주제가 아니다. 그러나 앞서 언급한대로 그들의 발화는 생활에 밀착된 싱싱하고 힘찬 토속어다. 이런 질박한 언어들이 우리의 정서를 때린다. 곰의 '곰팅이', 세상의 '시상', 학교의 '핵교'와 같은 명사, '하시는'의 '허시는', '모와'의 '모다'와 같은 동사, '이제'의 '인자', '그러니까'의 '긍게', '조금'의 '조께', '처럼'의 '맹키루'와 같은 부사, '하늘이니까'의 '하늘잉게루', '때문에'의 '땜시'와 같은 접속어미, '작아도'를 말하는 '즉어도'와 같은 형용사, '말어라'와 같은 명령어, '느그들' 같은 복수대명사, 풍남문'이서', 유엔'이서' 와 같은 조사, '된다닝게요!' 나 '일인감유?'와 같은 종지형 등등, 이런 생생하고 힘찬 토속어들이 글 속에서 펄펄 뛰고 있다. 화제를 돌릴 때 쓰는 '각설'까지 끼어있다. 특히 우리가 강세를 주고자할 때 늘여 빼는 방식의 '그러헌' 신화, '이이상헌' 나라와 같은 말도 눈길을 끈다. 위와 같은 언어들을 접하며 우리는 마치 판소리에서 창자의 '아니리'를 듣고 있는 느낌이 든다.

5.

판소리는 창, 아니리, 발림의 3대 요소로 구성된다. 창이란 곧 노래하는 것을 말하고, 아니리는 음곡을 배제한

서술이고, 발림은 몸짓이다. 시인의 작품을 독서하며 우리는 노래나 몸짓을 연상은 할 수 있어도 직접 듣고 보지는 못한다. 그러나 아니리는 서술인지라 우리는 독서를 통해서도 얼마든지 듣고 느낄 수 있다. 그런데 바로 판소리의 아니리에는 김익두가 구사하고 있는 것과 같은 질박한 언어들이 종횡무진 동원된다. 그래서 그의 시를 접하며 아니리를 듣는 것 같다는 느낌이 들게 되는 것이다. 이런 산문시 하나를 더 보자.

남 몰래 외로운 세월은 가고, 물결은 천 번 만 번 밀려오는데, 못 견디게 외로운 아득하안 이 세월을, 그리움 뗌시 검게 타아버린 흑산도루 가서, 죄 없는 홍어 한 마리를 잡아, 급히 나주 영산포루 호송하야, 냉수 맹물에 깨까시 씻은 다음, 볕 잘 드는 바깥마당 터밭 땅 위에 지프래기를  깔구서, 그 위에 홍어를 뉘어 놓구서, 그 위에 항아리 뚜껑, 그러니까 오지 반대기를 덮구서, 그 지프래기와 오지 반대기 사이를 잘 이긴 황토 흙으루 둘러 바르구, 햇볕 아래 사흘 정도 두면, 그 홍어가 잘 삭너니라. 이렇게 허여 잘 삭혀진 홍어를 막걸리루 깨까시 빨아, 막걸리 식초를 늫구서, 갖인 양념을 늫구서, 손맛나게 무쳐내면, 억울한 홍어의 한을 삭힌 맛있는 홍어무침이 되나니라. 억울한 홍어 한의 기맥힌 맛이 되나니라, 맛있게들 드시게나, 잘 삭힌 내 몸뚱일, 그 뒤야 뉘가 알리 더질더질.

-「홍어 드서유」 전문

시는 세월 모르고 무심하게 물결 밀려오는 흑산도의 묘사로 문을 연다. 흑산도는 바로 홍어의 주요 산지이기 때문일 터이다. 산지에서는 홍어를 회로 많이 먹지만 "나주 영산포루 호송"되고부터는 코끝을 톡 쏘는 삭힌 홍어로 만들어 먹는 것을 별미로 치는 것 같다. 정약전도 『자산어보』에서 나주 사람들은 삭힌 홍어를 즐겨 먹는다고 기록하고 있지 않은가.

이어 화자는 홍어를 삭히는 방법을 정확하고 구체적으로 명시한다. 꽤 정성이 들어가는 과정이다. 필자도 그냥 놔두면 삭는 줄 알았지 이런 과정을 거치야 하는 것인지는 몰랐다. 우선 "냉수 맹물"에 깨끗이 씻어 "볕 잘 드는" 곳에 짚을 깔고 "그 위에 홍어를" 올려놓는다. 그리고 "항아리 뚜껑"을 덮고, 짚과 뚜껑 사이를 "잘 이긴 황토 흙"으로 바른 후 "햇볕 아래 사흘 정도" 둔다. 이래야 제대로 "홍어가 잘 삭"게 된다.

그러면 왜 이렇게 정성을 들여 홍어를 삭혀야 하는 것인가.

일반적으로 우리가 '홍어' 하면 가장 먼저 떠올리는 것이 '톡 쏘는 맛'과, '만만한 게 홍어 좆'이라는 속담이다. 우선 '홍어 좆'부터 알아보자. 암컷은 수컷보다 몸집도 크고 맛도 좋아 가격도 훨씬 비쌌느니라. 수컷은 몸 밖으로 툭 튀어나온 두 개의 대롱 같은 좆이 있는데 가시가 달렸느니라. 뱃사람들은 이것이 아무런 쓸모가 없는데다가 자칫 손까지 다칠 수도 있어 수컷을 잡으면 가장 먼저 이 좆을 칼로 쳐내버렸느니라. 그래서 별 볼일 없는 사람을 빗대 '만만한 게 홍어 좆'이라 하게 되었느니라.

필자도 화자의 화법을 따라가고 있지만 무엇보다도 홍어를 삭히는 가장 큰 이유는 홍어 몸속의 요소 성분이 효소에 의해 분해되며 암모니아로 변하여 '코를 톡 쏘는 강렬한 맛'을 발생시키기 때문이다. 우리의 고유음식인 김치, 된장, 젓갈이 그러하듯 발효 음식은 한번 맛들이면 도저히 끊지 못하는 특성이 있다. 삭힌 홍어가 바로 이런 음식이다. '홍어 없는 잔치는 차린 것도 없는 잔치'가 되는 것이다.

이제 화자는 삭힌 홍어의 요리법을 설명한다. 우선 "잘 삭혀진 홍어를 막걸리루" 깨끗이 "빨아"야 한다. 거기에 "막걸리 식초를" 넣고, 갖가지 "양념을 섞고", 손 맛나게 무쳐내야 한다. 그리해야 "한을 삭힌" 기막힌 맛의 홍어 무침이 된다.

그런데 여기서 한 가지 의아함이 고개를 든다. 삭히는 과정을 세세하게 설명하던 화자가, 요리하기 전 홍어를 '막걸리루 빨아야한다'고 그 준비과정까지 강조하던 화자가, 왜 양념만은 세목이 없이 "갖인 양념"으로 뭉뚱그려 처리하는 것인가. 다음 시를 일별해도 그러하다.

알맞게 데쳐진 보랏빛 가지들을 먹기 좋을 크기로 자잘히 찢어서, 오래 묵힌 조선간장, 기운을 돋우어줄 다진 마늘, 사랑을 힘차게할 파를 넣고, 고소한 참깨를 뿌리고, 거기에 다시 더 고소한 참기름과 은근히 고소한 들기름을 두르고 손으로 조물조물 무쳐서,

-「가지너물」 부분

가지나물을 무치는 데는 "오래 묵힌 조선간장"을 쓰고 여기에 '다진 마늘', '파'에 '참깨'를 뿌리고, 거기에 다시 '참기름'과 '들기름'을 두르라고 양념의 세목을 열거하고 있다. 가지는 "자잘히 찢"고, "손으로 조물조물 무치"라고 신경을 쓰고 있다. 게다가 이렇게 만들어진 가지나물을 "수복 글자가 새겨진 하얀 옛날 접시에 담아" 상을 차리고 여기에 "놋수저"까지 올려놓으라고 주의를 주고 있다. 가지나물을 만드는 데는 이렇게 하는 게 최선의 방법이 된다. 눈도 밝고 생각도 섬세한 화자가 아닐 수 없다.

그러나 삭힌 홍어는 다르다. 그냥 초장에 찍어먹을 수도 있고 삼합三合으로 구색을 맞출 수도 있다. 탕으로도 끓일 수 있다. 갖은 양념으로 버무리는 것은 무침을 전제로 한다. 따라서 화자는 이 부분이 세세해지면 삭힌 홍어의 효용가치가 한계성을 가질 것으로 우려하는 것 같다. 그래서 "갖인 양념"으로 간결하게 처리하고 말았을 것이 아닌가.

시의 결미는 상당한 여운이 있다. '한'의 기막힌 맛을 "맛있게들 드시"라고 한다. 그 맛은 "잘 삭힌" 홍어 몸뚱이다. 그리고 "그 뒤야 뉘가 알리 더질더질"이라는 의미심장한 소리로 시는 마감된다.

여기서 다시 판소리를 들먹일 필요가 있다. "더질더질"은 '소리가 다 끝났다'는 의미로 창자가 판소리의 마지막에 붙여 부르는 종지형 어미다. 더 자세하게 말하자면 내 소리는 다 끝났으니 뒷얘기는 청자들이 알아서 생각하라는 말이다. 따라서 "그 뒤야 뉘가 알리 더질더질"은 연결된 한 문장이다. 「한국신화략」에는 "각설"이라는 말이 나온다. 이 말도 판소리에서 지금까지 한 사설은 일단 끝을 내겠다는 의미다. 그러나 이어 다른 사설로 바꿔 소리를 계속하겠다는 말로 이는 접속형 어미다. 따라서 이 시는 "맛있게들 드시게나, 잘 삭힌 내 몸뚱일"까지가 작품의 시작부터 연결되는 의미의 고리가 마감되는 곳으로 작품내용의 실제적 결미다. 시의 마지막 부분의 약간 모호했던 의미는 이제 선명해진다.

나는 이미 김익두의 산문시를 대하며 판소리 창자의 '아니리'를 듣고 있는 느낌이라고 진술했다. 이 시에서도 아니리의 가장 큰 특징인 서민들의 삶에 밀착된 기층언어가 반짝이고 있다. 앞서와 같이 '맴시'는 물론 '깨까시', '지프래기', '오지 반대기' '기맥힌'과 같은 토속어들이 새롭게 등장하고, 시 제목도 권유형의 '드서유'다. '아득하안' 세월, 검게 '타아버린' 흑산도와 같이 직접 노래하는 것처럼 늘여 빼는 방식도 역시 채택되고 있다. 김익두의 산문시에는 이처럼 겨례의 판소리 미학이 아름답게 배어있다.

이 시에 나타나는 "한을 삭힌 맛"을 그냥 지나칠 수 없다. '한의 삭힘'은 바로 판소리 미학을 압축하여 한 마디로 표현한 말에 다름이 아니다. 궁극적으로 예술이 목표로 하는 것은 '미'다. 수수한 우리말로 하자면 미는 아름다움, 고움, 멋 등이 될 것이다. 그런데 '멋'이라는 말은 다른 나라의 '미'와는 달리 한국인만의 생활체험과 사고에서 형성 발달된 말로 규격적인 미를 초월하는 것이다. 그런데 이 멋은 한恨이라는 근원적 미의식을 함유하고 있다. 백두대간을 따라 전해 내려오는 우리의 가락, 즉 메나리(山有花) 속에는 변함없이 한이 서려있다. 우리민족은 숱한 외세의 침략을 받았고 그때마다 현실을 체념하는 동시에 언젠가의 미래를 기약하는 순박한 바램의 한을 가지고 있었다. 따라서 메나리의 한은 밝고 어두운 양면의 속성을 공유한다. '멋'의 근원적 미의식에는 '한'이 있고 바로 이 '한'은 민족예술의 정화라고 할 수 있는 판소리에 녹아들어가 현재까지 구현되고 있다.

'한'의 사전적 의미는 대개 원한 · 한탄으로 풀이된다. 그러나 우리 민족의 한은 더 함축적이다. 한은 원망, 미움, 분노 등의 감정 뿐 아니라 체념, 용서, 화해의 감정까지 혼

합되어 있다. 그러나 이런 미묘한 여러 감정들은 시간을 두고 삭고 발효된 후에 객관적 투사를 통해 예술적으로 승화된다. 시인은 이 시에서 홍어의 삭힘을 통해 "한의 삭힘"을 꿰뚫어 보고 있는 것이다.

6.

홍어회나 가지나물은 대단한 음식이 아니다. 잔치집이고 상갓집이고 홍어회 안 나오는 집은 없다. 가지나물은 음식점 밑반찬으로도 자주 나온다. 즉 서민들이 흔히 대할 수 있는 음식들이란 말이다. 마찬가지로 수복 글자가 새겨진 하얀 접시도, 놋수저도 서민들 모두가 일용하던 흔해빠진 식기들이다. 시인의 언어도 삶에 부대끼는 서민의 기층언어에 근간을 두고 있지만 시선 역시 서민들의 일상 음식과 식기에 꽂혀있다. 이런 점이 바로 그의 시를 친근하고 정겨운 것으로 만드는 연유가 된다.

시 몇 편 읽지 않았는데 많은 지면을 낭비하고 말았다. 그럼에도 「한국풍류사—산유화」를 다루지 못해 안타깝다. 산유화는 민속음악용어로 메나리의 또 다른 명칭에 다름 아니다. 우리는 지금 진양조 판소리로 겨레의 이 아름다운 가락을 듣고 있다. 시인은 민속학의 대가이기도 하다. 물론 판소리 연구에 있어서도 최고의 전문가이다. 이제 이 원고를 보내고 시인과 함께 푹 삭힌 홍어와 비게

넉넉한 돼지고기를 잘 익은 김치에 싸서 막걸리 한 잔 해야겠다. 천지인의 삼합을 즐기며, 물론 진양조로다가 판소리 한 마당 부탁하면서.

문예시선002

**녹양방초**

**초판 1쇄 발행** 2017년 10월 3일

**기　획** 문예원 문예시선 편집위원회

**지은이** 김익두

**펴낸이** 홍종화

**편집주간** 박호원

**편집 · 디자인** 오경희 · 조정화 · 오성현 · 신나래
김윤희 · 이상재 · 손경아

**관리** 박정대 · 최기엽

**펴낸곳** 문예원

**출판등록** 제317-2007-55호

**주소** 서울시 마포구 토정로 25길 41(대흥동 337-25)

**전화** 02) 804-3320, 805-3320, 806-3320(代)

**팩스** 02) 802-3346

**이메일** minsok1@chollian.net, minsokwon@naver.com

**홈페이지** www.minsokwon.com

ISBN 978-89-97916-87-0
SET 978-89-97916-85-6 04810


이 도서의 국립중앙도서관 출판시도서목록(CIP)은 서지정보유통지원시스템 홈페이지(http://seoji.nl.go.kr)와 국가자료공동목록시스템(http://www.nl.go.kr/kolisnet)에서 이용하실 수 있습니다.(CIP제어번호: 2017025114)

※ 책 값은 뒤표지에 있습니다.
※ 잘못된 책은 바꾸어 드립니다.